Paul Gisi
Flötenvogel
Gedichte

Books on Demand

Bibliographische Information der Deutschen National-
bibliothek: Die Deutsche Nationalbibliothek verzeichnet
diese Publikation in der deutschen Nationalbibliogra-
phie, detaillierte bibliographische Daten sind im Internet
über http://dnb.dnb.de abrufbar.

© 2020 Autor: Paul Gisi, op. 120
Umschlagbild Ludwig Weibel
Herstellung und Verlag:
BoD – Books on Demand, Norderstedt
ISBN 9783751922289

Paul Gisi

Flötenvogel

Gedichte

Inhalt

I   In den Zerklüftungen in mir   5

II   Geriffelt die verlorne Stunde in deiner Hand   17

III Das Funkelnde auf der Zunge   29

IV   Im Augenblick der Supernova   41

I

In den Zerklüftungen in mir

Untrennbar die Widersprüche
in der Gleichzeitigkeit der Nähe und Ferne

Traumfarben
singen LIEBE

ich male
d i c h

Liebe in den Cevennen
weitgespannt
die Visionen der Flüsse
ENDLICH BEFREIT
IN DER ENDLOSIGKEIT
DEINES AUGES

UMARMUNG IN AGADEZ

deine Brustkorbrippen
sind mein liebstes Saiteninstrument

Lichtstreifen
auf deiner Haut

   der Atem
bezaubert den Geist
befreit in der Umarmung

Ich suche dich
in den Dimensionen
    der Vögel
        der Fische
            der Reptilien
IN ALPHONSE DAUDETS
BRFIEFEN AUS MEINER MÜHLE

Die Sonnenstrahlen
auf den Birkenblättern
wie ein Kuss

Die Lippen
auf dem Riff
deiner Brustkorbrippen
singen das Universum
a c c e l e r a n t o
im Augenblick der Jahrmillionen
– wir umarmen uns
im Lavendelblau
im Walnusskern des Urknalls

Liebeslustentflammt
der Ineinandersturz
ununterscheidbar meinindeinauflösend
DAS ICHIMDU

Ich verneige mich
vor dem Feuerwurm

PORZELLANVASE
FÜR PFLAUMENBLÜTEN
DER MEI P`PING-ZEIT

mit den Augen der Imagination
sehe ich dich
UNFASSLICHES
im Zwischenzustand
von Sein und Nichtsein
FARBENPRÄCHTIGES LEBEN

Ich suche dich
IN DEN ZERKLÜFTUNGEN
IN MIR
    stumm geworden
BRENNEND

Das Weltall
ein Einblütiges Moosauge

was für ein Hirnsausen
die Schöpfung!

Erinnerungslos
der Augenblick
    im Atem des Pulsars
IM LACHEN DES IGELFISCHS

Das *Dies irae*
schleicht als Fäulnisbakterie
ins Herz

in die Nacht gekrallt
die Angst

TIMUR VON SAMARKAND
KLOPFT AN MEINER TÜR

egal
soll er Jahrhunderte weiterklopfen

IM SCHALLKÖRPER
TANZT DAS FIRMAMENT

dunkel ist die Erleuchtung
philosophiert die Seeraupe
und lacht

TRANSFORMATIONEN
   DES NACKTEN
beim Weinglas
im Hingegebensein
auf den Fühlern einer Schnecke
im Maulbeerbaumfeld
kosmischer Schatten

Lusttaumelnd
der Geist
– ein betörender Wimpernschlag
der Jahrtausende

VERLOREN IM SÜDOSTPASSAT
nur Staub
die Dinge sind
  ein Wind

die Vögel
schwingen sich auf
in den Schein der Welt

Silbrige Stille
ruht sich aus
in der warmen Hand

liest *die Unendlichkeit*
im Tanz der Einsamkeit

II

Geriffelt die verlorne Stunde
in deiner Hand

Eingedunkelt das Wort
– unauffindbar
ich höre die Luft

Geriffelt
die verlorne Stunde
in deiner Hand

über die Lippen
segelt das unbekannte WORT
w i n d g e s c h w e l l t

WIR UMRANKEN UNS
NACKTZUNACKT

Deine Brüste
zwei goldgelbe Mirabellen

Die Kuckuckslichtnelke
hält Zwiesprache
mit dem Sternbild *Walfisch*

bemühe dich nicht
Menschlein
du verstehst nichts

Das Zittergras
balanciert das Universum

Nacht kommt angeflutet
in der Träne

Am Seeufer sitzend
um Aldebaran zu schauen
in mir

geisttrunken
die Sinne

Das zeitlose Kontinuum
zu reflektieren
   ARTISTENJAHRMARKT
   DER TÄUSCHUNGEN
im Schatten der Harmonie
von Innen und Aussen
zwischen Wahn und Klarsicht

Hummelwelsfarben das Nichts –

das Geheimnis
der Phänomene
zu ergründen
– lass es gut sein

In der Atempause
der Gestirne
stopfe ich mir die Pfeife
mit Marihuana
fülle das Kristallglas
mit Absinth
und lade dich S o n n e
zum Tanz ein
in der Halbwertszeit der Lust

Der Pierrot
zupft die Balalaika
für dich

Irre Sonne
über Sainte-Croix
   und dem Verdontal

FERN DIE RUHE
DES FUJIJAMAS

Bi-Yän-Lu
raucht in der Spelunke
eine Opiumpfeife
und lacht
den Strichjungen an

Ich bin nicht Nebukadnezar
bin nicht Echnaton
bin nicht Zenmeister Sengai
und viele andere bin ich nicht

ich bin nur ein Zackenbarsch
der Gedichte schreibt
NEURALGIA NOCTURNA

DAS LACHEN
WIE EINE FLUTWELLE

in atemloser Nacht
   in zweckloser Bewegung
   und unnützem Stillstand
wird der Glockenschlag
zu Gesang –

FÜNFMASTBARK
TRAUMGETAKELT

ORBIS TERRARUM
ESSENZ DER SINNE
IM GEISTKÖRPER
DER ERLEUCHTUNG

Ich stecke die Partitur
des Nachthimmels
WIE EINEN SATZ VON BRENTANO
in meine Tasche
und eile zu dir

Weltenflüsse
wellend ins Wesenlose
in die IRRE mündend
 kreislaufdunkel
  klangzerrissen
blutend unbekannt

Wir leben in einer NULLZEIT
im Fingerabdruck des Universums –
   das Nichts
   ein Zirkusnotausgang

Ich reise mit dir
zu mir
ins Niemalszuvollendende
Flötenvogel   Feuerauge   Fahlkehlschwalbe
   es gilt
neu zu beginnen
als ob das möglich wäre

Stratosphärenblitze
in den Augen –

dein Körper
ein Tympanon

der Kapuzenzeisig
hüpft von Augenblick
zu Augenblick
in die Ewigkeit

Wir verlieren uns ineinander
in Sonnenbahnen
SINGEN SCHWEIGEN

ENDLICH SEHEN WIR UNS
U R S A C H L O S

III

Das Funkelnde auf der Zunge

*Die stets sich verändernden Wolkenformen
zwischen Sein und Nicht-Sein*

Tanzpantomime
der Galaxien
in deinem Pulsschlag

Öffne das Fenster
für die Wirklichkeit
der Visionen

   singe mit dem Vogel
TANZE DIE VOLLENDUNG

Sternbild *Wega*
in meinem Weinglas
hodenrund die Türkenbundlilie

ICH LIEBE DIE WEITE
DAS FUNKELNDE
AUF DER ZUNGE

Hoch aufgerichtet
der Phallus
WIE EIN GLOCKENTURM

Die Notenschrift
des Wahns
flammt auf
UNLÖSCHBAR

Zwischen Orinoco und Yangtsekiang
rollen die Donner
der Angst
ins Schlaflosland

RETTUNG IST NIRGENDS

ZAHNSCHNÄBLIG UNBEIRRBAR
in der Zwischenmusik
von Geburt und Tod

ein paar Fetzen LEBEN
FARBENVERSPIELT

Ich blase befreit
drohende Wolken
ins Nirvana

Die Spinne auf der Turmspitze
des Doms in Florenz
lacht über die Menschen –
ICH TANZE IN DEN FLAMMENBAHNEN
    DER SONNEN
aufgewühlt von der Unendlichkeit

Ich setze mit der Messpipette
Wort für Wort
auf die Milchstrasse
fange mit dem Traumnetz
Protuberanzen ein

AUS DEM BABYLONISCHEN FRIES
BEFREIT SICH DER SONNENLÖWE

Das Universum
ist meine Tabakdose
neben dem Châteauneuf-du-Pape
auf meinem Schiefertischchen –

heute Nacht
lasse ich mich
nicht aus der Ruhe bringen
Veitstanz der Gestirne
hin oder her

Furchtlos der Blick
in die Höhlen
des Universums

ICH SEHE DICH

Maulwurfsgrillensurren
in der Ohrmuschel –
nachtrissig
stürzt das kosmische Sein
INS TROLLBLUMENGLÜCK
VOR DEINEN FÜSSEN

Ich fliege
mit dem *Flötenvogel*
singe
mit der *Fahlkehlschwalbe*
IM FEUERAUGE

Wurzelbrand der Flucht
im Grenzenlosen
der beschützenden Hand
auf dem Atemkörper
das Benedictus
aus Mozarts *Krönungsmesse*
im Bamberger Dom
flammend innewohnend
IM GEIST DES ERDENSTAUBS

Wir umarmen uns
in Manakara
auf Madagaskar

lieben uns im Schatten
von Mayatempelruinen

ZU LEBEN WELCHE LUST!

Im Forum von Kyrene
pokulieren lachend
Kallimachos und Aristippos
    ich begrüsse meine Freunde
versunken in astronomische Überlegungen

Der Lebensbaum
steht in Flammen
der Sommerlust

noch ein einziges Mal!

DOCH DIE STERNE SIND
ZU KLEINHOLZ GEMACHT
FÜRS CHEMINEE

Versunken
im Clavicembaloglück
im Raumlosen
NACHTGLÜHEND

Unbeschwert
   l e i c h t
das Wort zwischen uns
WIE EIN WIND
von sehr fern

in der Umarmung
breitet sich
der Horizont aus

IV

Im Augenblick der Supernova

Im Unschärfebereich –
Geistnäheres wäre Illusion

Vollendung im Schweigewort
in der Leerheit aller Phänomene
IN DER FÜLLE DER LIEBE
im Augenblick der Supernova

Dunkelgepunktet
die Zuneigung
in der Verlorenheit –
    die Laubsängermeise
singt fremde Worte

Wie Orgelgebraus
der Wind des Herzens
manu propria
Lust auf deinen Körper geschrieben –
die Sifflöte der Nacht
tanzt auf deiner Zunge

Löse dich auf
in der Einkörperung des Alls
finde dich in der Verdunkelung –
　Nebelbänke der Angst
　in deinem Atem

Verdüstert
stöhnt der Mensch
im Albtraum der Zeit –
der Atem versteinert
DAS LUSTZUCKEN ZERFÄLLT

Das Wort
eine Brandmauer
zwischen dir und mir

Die Welt
ein schwarzer Schrei
in der Kehle
der Herzfaden gerissen
du-los die Nacht

In den Sinnestäuschungen
blitzen Gottfernheiten auf
– wir halten unsre Hände
fallen Mund in Mund

Wirf dich ins Licht
in die Lust der Sonne

Was für ein Taumelwahn
diese Lebenssekunde
im Gegenriss
der Welt

Die Lust des Weltalls
im Geschlecht
nacktzunackt
mit dem unfassbaren Leben

Im feuergelben Himmel
stürzen schwarze Vögel
ins Nichts

Schmerzflammen
in der Höhle der Verzweiflung
– kein Gott ist fähig
diese aufzufinden

In den Rissen der Finsternis
angstverkrallt
der letzte Atem

Silberfädige Worte
auf der Zunge der Milchstrasse
lustvereint

Im Taumelwahn des Bewusstseins
im Ungetrennten
in den Farben und Formen
eines Mandala
in deiner Hand
singe ich

Schöpfungstrunken
die Begegnung in der Nacht
MIT DIR

Sich dem Geistursprung zu nähern
fern von jeder Zuneigung
    und Abneigung
– da ist der Frosch
weiter als ich

Der Vogel lacht
über das begriffliche Denken
im Aufflug zur Vollendung

Lust und Geist
e i n s geworden
im Duwort der Schöpfung
des Eros

Paul Gisi, 1949 in Basel geboren, Schulen in Basel, Primarlehrerpatent in Zug, einige Jahre Schulpraxis, Aufenthalte in Südfrankreich, diverse Berufe, viele Jahre lang Korrektor in der Ostschweiz, 120 Publikationen, hauptsächlich Lyrik, aber auch Kurzprosa, Sätze und Briefe, erhielt wenige Preise, vertreten in manchen Anthologien. Ein paar Bücher von namhaften Schweizer Künstlern illustriert. Lebt in Rorschach am Bodensee.

www.zackenbarsch.ch
zackenbarsch.gisi@gmail.com